Bibliografische Information der Deutschen Nationalbibliothek:

Die Deutsche Bibliothek verzeichnet diese Publikation in der Deutschen National-
bibliografie; detaillierte bibliografische Daten sind im Internet über http://dnb.d-
nb.de/ abrufbar.

Impressum:

Copyright © 2015 GRIN Verlag, Open Publishing GmbH
Druck und Bindung: Books on Demand GmbH, Norderstedt Germany
ISBN: 978-3-668-04582-8

Dieses Buch bei GRIN:

http://www.grin.com/de/e-book/304568/beobachtungen-zum-gemaelde-das-
gewitter-1508-von-giorgione

Robert Otten

Beobachtungen zum Gemälde "Das Gewitter" (1508) von Giorgione

GRIN Verlag

Beobachtungen zum Gemälde „Das Gewitter" von Giorgione

Robert Otten

Vorwort

Das Gemälde „la tempesta" – „das Gewitter" von Giorgio da Castelfranco, genannt Giorgione, zählt zu den bedeutendsten Gemälden der venezianischen Malerei und nach Urteil vieler Kunstistoriker auch zu den berühmtesten Gemälden der europäischen Kunst. Kaum ein Gemälde hat zu mehr kontroversen Deutungen, seriösen kunstgeschichtlichen Abhandlungen, hobbypsychologischen Betrachtungen, „Rätselspielen" und halbesoterischen Exkursen Anlaß gegeben als dies kleine, suggestive Bild.

Wer sich mit der ernsthaften Forschung über das Bild auseinandersetzt, sieht sich mit gut anderthalb Jahrhunderten sehr ausgreifender akademischer Deutungsversuche und einander widersprechenden Thesen, Mutmaßungen und deren Widerlegungen konfrontiert.

Wer mit neuen Erklärungsversuchen zu diesem Bild ernsthaft das Wort ergreift, muß registrieren, daß das besprochene Gemälde durch die seit Jahrhunderten andauernde Forschung und Deutung mittlerweile bezüglich kunsthistorischem Rang und künstlerischem Tiefgang extrem prätentiös aufgeladen ist. Unleugbar hat es auch, speziell in Europa, persönliche Befindlichkeiten unter internationalen Kunsthistorikern oder Institutionen bezüglich Deutungshoheit und Beurteilungskompetenz etc. entwickelt.

Die Deutungsdifferenzen auch betreffs anderer Giorgione-Gemälde sind unter Kunsthistorikern immer noch beträchtlich. Es dürfte daher wohl auf absehbare Zeit gar nicht möglich sein, eine auch noch so stichhaltige fundierte Deutung oder Erklärung des „Gewitter"- Bildes zur allgemeinen oder gar wissenschaftlichen Akzeptanz zu bringen.

Bei aller Divergenz der bisherigen professionellen Erklärungsversuche zeichnen sich jedoch meistens gewisse Gemeinsamkeiten in der Herangehensweise an das Bild und in der endgültigen „Themenfindung" (was die italienischsprachige Forschung die „favola" nennt) ab:

Obwohl das Bild eine faszinierende Ganzheit ausstrahlt, zerlegt die Deutung es in aller Regel in die auffällig isolierten Elemente – die Frau mit Kind, der Mann, die „Stadt", der Blitz, das Gewässer, das Säulenpaar etc. Die Elemente werden in Einzeldeutungen dann regelrecht zu einem Puzzle zusammengetragen, das logisch-stimmig sein muß, aber als solches objektiv nicht resultieren will.

Ferner kommen fast alle Deutungen in die Nähe einer Mann-Frau-Liebesbeziehung, sei es religiöser allegorischer oder antik-mythologischer Natur.

Das vorliegende Dokument weicht von diesen Linien nicht wirklich ab, kann aber aufgrund der Unsicherheit der Quellenlage und der bisherigen Deutungen mindestens ein auffälliges Einzelelement nur streifen: die Backsteinmauer mit den Lunettenbögen.

Das Dokument möchte lediglich jüngere Untersuchungen und Aussagen zu Giorgiones berühmtem Gemälde zusammentragen, die in der Summe eine neue Perspektive zulassen. Die wichtigsten hier herangezogenen Hinweise durch europäische Wissenschaftler sind schon seit einigen Jahren veröffentlicht. Einige Quellen sind nach streng wissenschaftlichem Maßstab „nicht zitierfähig", der Verfasser ist sich jedoch sicher, daß die „seriösen" Quellen keine nennenswert abweichenden Aussagen machen. Die hier zusammengestellten Fakten und Meinungen ergeben ein Indizienbild, das mit Sicherheit eine Schlußfolgerung fern jeder esoterischen oder mit der Brechstange erzwungenen Assoziation nahelegt.

Auch hochrangige Veröffentlichungen und renommierte Forscher sprechen von diesem Bild mitunter noch als einem „Bilderrätsel" oder als einem Bild „ohne Sujet".

Zweifellos hat die Komposition des „Gewitter"-Bildes dank Giorgiones neuartigem, intuitivem Umgang mit Raumflucht, Tiefenstaffelung, Tonalität, Lichtführung, Naturbetrachtung und Farbpsychologie eine anhaltende Suggestionskraft. Immer wieder weckt das Bild neue Assoziationen an Rollenspiel, Somnambulanz, eine vertrackte Zauberbühne oder die Aufklärung eines Mysteriums.

Der Verfasser ist allerdings der dezidierten und von der gängigen Interpretation abweichenden Ansicht, daß dieses Bild nicht vom Maler vorsätzlich verrätselt wurde oder außergewöhnliche Komponenten freier „renaissancekünstlerischer" Willkür enthält. Der Verfasser vertritt die Ansicht, daß in der Bildkomposition kleine künstlerische Freiheiten im damals üblichen Rahmen enthalten sein können, aber das Gemälde eine gut zusammengehörige, zeittypische Ikonologie enthält, die sich der heutigen Forschung nur noch in Details verschließt. Unabhängig von der kaum zu überschätzenden Bedeutung des Malergenies Giorgione für die Innovation italienischer Malerei darf die Vermutung im Raum stehen, daß das kleine „Gewitter"-Bild nicht objektiv ein Hauptwerk seiner Epoche ist, sondern gut vierhundert Jahre nach seiner Entstehung von der Forschung sukzessive dazu gemacht wurde.

Schon bei flüchtigem Vergleich des Gemäldes mit zeitgenössischer Porträt- und Historienmalerei zeigt sich, daß im „Gewitter"-Bild diverse Elemente oder Attribute logisch untergebracht sind, die zu den ikonographischen Standards von Giorgiones Epoche zählen.

Dieses Dokument erbringt keine Beweisführung, sondern kann nur Indizien zusammentragen. Die Übernahme der Deutung aus dem Kapitel 5 in andere Veröffentlichungen ohne ausdrückliche Quellenangabe wird jedoch urheberrechtlich verfolgt. Botanisch-physiognomische Bestimmungen der Vegetation im besprochenen Bild sowie einzelne Fakten zu Pflanzensymbolik bezieht der Verfasser teilweise nicht aus der Literatur, sondern aus den Kontakten mit botanischen Fachleuten und allgemein kulturell-pflanzenkundlich Interessierten. Der Verfasser bedauert, daß die Heranziehung sämtlicher Abbildungsrechte für die hier erwähnten Bilder nur mit unangemessenem Aufwand möglich gewesen wäre. Die strengen Restriktionen bezüglich Reproduktion und medialer Verwendung sind bei einigen literarischen Veröffentlichungen mitunter mehr als nur etwas hinderlich. Das Dokument muß infolgedessen bis auf weiteres leider in rein schriftlicher Form bleiben.

Bonn, im August 2015

1. Beobachtungen zum Gemälde „Das Gewitter" von Giorgione: Die Figuren

Die männliche Figur links im Bild, die Marcantonio Michiel, der die erste schriftliche Erwähnung des Bildes hinterließ,[1] im Jahr 1530 als „Soldat" bezeichnet, trägt ein rot-weißes Kostüm mit geschlitzten Hosen, die dem Hosenkostüm der Landsknechte nicht unähnlich sind. Die Bekleidung von Hirtenfiguren in der zeitgenössischen ital. Malerei ist in der Regel sehr abweichend, siehe Darstellungen in der Malerei Tizians, Jacopo Bassanos, Jacopo Palmas oder Mantegnas. Ihre festen Attribute sind i.d.R. Gürtel aus Stricken, graue, enge Hosen, ein Fellwams oder eine Flöte.

Die Oberkörperbekleidung der Männerfigur ähnelt eher der Mode jugendlicher italienischer Adeliger des ausgehenden Mittelalters oder der frühen Renaissance. Die Farben des Wappens der Familie Da Carrara sind rot und weiß.

Kaiserliche „Landsknechte" des deutschen Reiches waren noch im Jahr 1529, zu Michiels Zeiten, in Nord- und Mittelitalien in großen Trupps unterwegs. Ihre deutsche Bezeichnung, ihre Kleidung und Bewaffnung waren auch im nahen Ausland so bekannt und charakteristisch, daß der Begriff im Italienischen zu „Lanzichenecco" verballhornt worden ist. Eine schlüssige etymologische Herkunft dieses Begriffes in Verbindung mit „Land" ist bis heute unsicher. Die englische Bezeichnung „Lancequenet" (Lanzenritter) genauso wie die italienische Verballhornung weisen darauf hin, daß sie durch die Hauptwaffe der damaligen Feldschlacht, die Lanze, charakterisiert sind. Die Illustrationen von der Schlacht bei Pavia, des Kampfes um Wien Anfang des 16. Jh. oder das Gemälde „Alexanderschlacht" von A. Altdorfer sowie hunderte von Grafiken deutscher Künstler bezeugen das und legen nahe, daß die deutsche Bezeichnung „Landsknecht" vermutlich weniger mit „Landesknecht" zu tun hat, sondern ihrerseits eher eine Verfremdung des Waffengattungsbegriffs „Lanzenknecht" ist.

Zahlreiche Grafiken eizelner Landsknechte, u.a. auch Werke von Albrecht Dürer und Albrecht Altdorfer zeigen die Männer mit der typischen Geste der linken Hand auf dem Rücken oder in die linke Hüfte gestützt. Es ist vielleicht ein Zitat einer antiken Skulptur, vielleicht auch eine Soldatenpose, die das Schwert vorzeigt, die zweite Waffe, die ausnahmslos links an der Hüfte getragen wurde.

Die Genealogie der Famile Da Carrara gibt an, daß dieses Geschlecht im frühen Mittelalter aus einem Stamm von „Waffenmännern" lombardischen Ursprungs hervorgegangen ist. [2]

Im langobardischen Mittelalter, als die Region dem hl. Röm Reich angehörte, kannte man bei Männern den Status des „Arimanno", eines Zivilbürgers, der das Recht hatte, zur Gemeindeverteidigung Waffen,

---

1 Michiel, Marcantonio: Anonymo Morelliano, S. 107.
2 https://it.wikipedia.org/wiki/Da_Carrara (vom 21.6.2015)

in der Regel eine Lanze, zu   tragen. Arimanno bedeutet soviel wie „Heeresmann", was verwandt ist mit dem deutschen Vornamen Hermann.

Die Standpose des Mannes ähnelt in der Haltung des Stabes der antiken Herrscherstatue des „Augustus von Primaporta", die in der Geschichte der antiken Skulptur als der Archetyp der Herrscherstatue gilt. Die Positur dieser Statue, insbesondere die Griffhaltung des Stabes mit dem nach unten gekehrten Daumen, wurde bereits in der Antike zahlreich kopiert und Abwandlungen von ihr, fast immer als Darstellung einer Herrscherfigur, fanden sich in nachaugusteischer Zeit über das ganze römische Reich verteilt.

In der Renaissancemalerei beiderseits der Alpen, schon lange vor Giorgiones Epoche, bestand eine differenzierte Symbolik von Pflanzendarstellungen, wobei offenbar Regeln im Bildaufbau bestanden, welche Pflanzen für den Vordergrund (z.B. direkt neben einer Frontfigur, zu Füßen einer Person, in ihrer Hand etc.) und welche für den Hintergrund (z.B. Palmen) bestimmt waren.

Die Frau im Gemälde ruht am Fuße eines Baums, der von Botanikern deutlich als Eiche identifiziert werden kann, eines Baums, der für seinen reichlichen Jungwuchs, Fruchtbarkeit und Dauerhaftigkeit bekannt ist. In einigen Bildmotiven europ. Malerei (z.B im Motiv der Geschichte von Kephalus und Procris) erscheint sie auch für eheliche Treue. Manchmal wächst unten an ihrem Stamm eine Efeuranke empor als Symbol für (eheliche) Treue und ewiges Leben.[3]

Das vollständige Wappen der Dynastie Da Carrara wird unten von einem Lorbeer- und einem Eichenzweig bekränzt. Die italienische Wikipedia gibt ferner an, daß die Familie im Mittelalter „aus dem Umfeld irgendeines Kaisers" hervorgegangen ist.[4]

In dem allgemein als „Allegorie" bezeichneten venezianischen (oder norditalienischen) Gemälde, zugeschrieben Palma il Vecchio, entstanden zu Anfang des 16. Jh., ruht die Frau mit den beiden Kindern gleichfalls am Fuß eines Baumes mit exakt der gleichen Blattstruktur, Astgabelung und Physiognomie. Die männliche Figur trägt hier unzweideutig die   Kleidung eines Landsknechts oder eines zeitgenössischen Soldaten um 1500. Er stützt sich auf eine echte Lanze.

Im Hintergrund des Palma Vecchio-Bildes ist eine herrschaftliche (keine bäuerliche oder Burgen-) Architektur zu erkennen.

In dem von unbekannter Hand gemalten „Allegorie"-Bild, gleichfalls aus dem Veneto des frühen 16. Jh., ruht die Frau ebenfalls an solch einen Baum gelehnt. Hier wächst eine stilisierte Efeuranke am Stamm

---

3 Heinz-Mohr, S. 82f .
4   https://it.wikipedia.org/wiki/Da_Carrara (vom 21.6.2015)

hinauf. Der Mann im Bild trägt eine volle Ritterrüstung und hält eine Hellebarde. Im Hintergrund sieht man wiederum eine feudale (keine bäuerliche), ländliche Architektur.

Die Frau in diesem Bild trägt eine ähnliche Kopfbekleidung und Frisur wie die Frau im „Gewitter"-Bild; eine Art quergetragenes Hinterkopftuch oder Haarschleier. Diese Kopfbedeckung ähnelt ebenso jener der Frauenfigur von Giorgiones Bild der „Laura". Der Schleier der „Laura" wird von dem Kunsthistoriker Norbert Schneider als Brautschleier und – auch aufgrund anderer Indizien - das ganze Portrait von ihm als Brautbildnis gedeutet.[5] Es ist auffällig, daß verheiratete oder ältere Frauen in der norditalienischen Malerei praktisch nie mit solcher Haartracht erscheinen. Sie tragen Perlenketten oder Diademe im Haar oder eine aufwendige Zopftracht, dies illustriert die zeitgenössische Portraitmalerei Tizians, Palma Vecchios, Savoldos, Lottos etc. Einzig in venezianischen Mariendarstellungen sieht man einen etwas üppiger gestalteten Schleier.

Giorgiones „Laura"- Figur entblößt die rechte Brust, was von Norbert Schneider als Anspielung auf die antiken Amazonen gedeutet wird, die keine Geliebten sein sollen, sondern nur ihre Kinder durch das Stillen zu Helden heranziehen.[6] Der „Laura" wird dadurch eine zukünftige Mutterolle zugeschrieben. Die Frau im „Gewitter" stillt ebenfalls ihr Kind mit entblößter rechter Brust, der Rest des Oberkörpers ist vom weißen Überwurf bedeckt. Diverse weitere Brautbildnisse der Renaissance zeigen die Dargestellte mit der einen Brusthälfte entblößt, siehe z.B. die mutmaßliche „Lucretia" im Städel-Museum in Frankfurt.

Offenkundig ist die junge Frau die Mutter des Kindes. Als Olympias, die Mutter von Alexander dem Großen von Makedonien, mit ihrem Sohn schwanger war, sah sie eines nachts einen Blitz am Himmel.[7] In diesem Moment wünschte sie sich, daß ihr Kind göttlich werden möge. Alexander wurde einer der größten Helden und Eroberer der Menschheitsgeschichte.

Es ist in der Hochrenaissancekunst eine häufige Praxis und teils auch in weiteren Epochen europ. Malerei, antike „Gründerpersönlichkeiten" oder historische Adelspersonen (besonders des hl. Röm. Reichs) als Waffenträger, Rüstungsträger oder Feldherrn darzustellen, z.B. Kaiser Maximilian I.

Fast zeitgleich mit der Entstehung des „Gewitters" (ca. 1510) malt Dosso Dossi für den herzoglichen Hof von Ferrara eine historische Szene, die von Kunsthistorikern als „Äneas und Achates an der libyschen Küste" aus Vergils „Äneis" identifiziert wird.[8] In diesem Bild wird von Dossi die antik-römische Herkunft der beiden Protagonisten mit einer zeitgenössischen kaiserlich-römischen Kostümierung illustriert. Sie tragen prächtige rot-weiße Landsknechtskleider einschließlich der typischen Hosen. Mit Blick auf die Hintergrundfiguren sind in diesem Gemälde vermutlich mehrere Szenen der Äneis

---

5   N. Schneider, s.60, 61
6   ebendort
7   H. Baumann, s. 12
8   Bayer, S. 130, 131

dargestellt. In Dossis Bildern ist es nicht unüblich, diverse Szenen in einem Gemälde unterzubringen. Der Vordergrund zeigt hier wahrscheinlich eine antike Gründungsszene (Gründung der Stadt Karthago). Einer der beiden (vermutlich Äneas) steckt demonstrativ ein Schwert in den Boden, während die linke Hand auf dem Rücken angewinkelt ist wie bei der Männerfigur im „Gewitter"-Bild. Der andere hält eine Lanze. Einige norditalienische Städte (u.a. Padua mit dem Gründer Antinor) sowie Adelsgeschlechter führten ihre allerfrüheste Herkunft auf Äneas oder trojanische Flüchtlinge zurück. Das Motiv aus einer Äneis-Episode illustriert auch für den Hof in Ferrara eine Gründungsgeschichte, die für die Malerei in der Poebene um 1500 nicht einzigartig war.

Die Männerfigur des „Gewitters" stützt sich nicht eigentlich auf seinen Stab, sondern sticht sie mit umgekehrter Faust in den Boden.

Diese Geste ähnelt hierin sowohl der Augustusstatue als auch derjenigen im Herrscherbildnis „Andrea Doria als Neptun", heute in der Pinacoteca. di Brera /Mailand, das Agnolo Bronzino ca. 1540 gemalt hat, auf dem der Dargestellte (zuerst Marinebefehlshaber, später Herrscher über Genua) eine Dreizacklanze als Attribut des Meeresgottes in der rechten Hand hält. Die Griffhaltung kehrt ebenso wieder in der Miniatur des französischen „Königs Franz. I als antike Gottheit" aus der Schule von Fontainebleau um 1545. Das Bild befindet sich heute in der Pariser Nationalbibliothek.

2. Die Architektur und der Hintergrund

Der Band „Giorgione a Padova" der Paduaner Ausstellung des Jahres 2010 zu Giorgione und seiner Zeitgenossenschaft dokumentiert ausführlich und fundiert die wichtigen Beziehungen Giorgiones zur Stadt Padua, zum dortigen Kulturleben und zu seinem Künstlerfreund und berühmten Sohn der Stadt, Domenico Campagnola.

Der Beitrag von Ugo Soragni (Vorsitzender des Kulturverbandes des Veneto, Kurator der Ausstellung) in diesem Band argumentiert, daß das Thema des „Gewitter"-Gemäldes mit „Sicherheit irgendetwas mit Padua" zu tun haben muß [9]

In diesem Katalog werden ferner die Thesen der Kunsthistoriker Antonio Boscardin und Enrico Guidoni (letzterer auch Urbanistik-Wissenschaftler) besprochen. Beide argumentieren mithilfe von heimatkundlichen Quellen und Vermessungsmethoden sehr schlüssig, daß die Architektur im Hintergund des „Gewitter"-Bildes eine (heute aus dem Stadtbild verschwundene) Teilansicht der Stadtmauer von Padua ist.[10] Laut A. Boscardin und seiner Veröffentlichung von 2006 soll es sich um die

---

9 Katalog Skira / Padua , S. 37
10 Ebendort, S. 87

sogenannten Carraresischen Mauern („le Mura Carraresi") [11]handeln, also einer Befestigungsanlage, deren Hauptteile aus der Bauperiode der entsprechenden Familienherrschaft in der Stadt stammen. Die Kirche mit der Kuppel und dem Tambour im äußersten Gemäldehintergrund ist laut der beiden Forscher mit an Sicherheit grenzender Wahrscheinlichkeit eine nur nuanciert veränderte Wiedergabe der Kirche Santa Maria dei Carmini (eine Ost- oder Nordostansicht) in der Altstadt von Padua. Die These wird mit aktuellen Fotografien der Kirche gut untermauert. Die Familie Campagnola hatte einen engen Bezug zur Carmini-Kirche.

In Giorgiones Gemälde sieht man am Bildhorizont nahe rechts der Kirchenkuppel einen hohen, viereckigen zinnenlosen Turm, der seiner Höhe und Form nach nicht mehr zur Befestigungsmauer gehört. Camillo Semenzato erwähnt in seinem Kulturführer zur Stadt Padua, daß die Carrara-Dynastie noch in der Frührenaissance einen eigenen Geschlechterturm in der Paduaner Altstadt hatte. Ferner erwähnt er, daß die Universität Padua einen an der Spitze abgeflachten Glockenturm besaß. Die humanistisch gebildete Familie Da Carrara gehörte ab dem 13. Jh. zu den frühen Förderern der Universität Padua.[12]

Auch Wolfgang Eller, der Autor einer der jüngsten großen Giorgione-Monographien (2007), der die umfangreiche bisherige Forschung zum Bild exzellent verarbeitet hat, sieht in der Architektur eine starke Ähnlichkeit mit Teilen der Paduaner Wehrmauer und mit der Carmini-Kirche im Hintergrund: „Der Verlauf der Architektur spielt auf die Stadtsilhouette von Padua mit dem Flüßchen Bacchiglione an." [13]

Im „Gewitter" führt auf der linken Seite hinter den Architekturfragmenten ein kurzer, s-förmig gebogener, unbefestigter Weg in die Bildtiefe, führt nach rechts über die Zugbrücke und in das Wehrtor, über dem der „Carro", das Wappen der Carrara-Familie abgebildet ist. (Der Kunsthistoriker Paul H. Kaplan hat dieses Detail für eine umfangreiche Interpretation des Gemäldes für die Beziehungen der Familie Vendramin und Padua während der Kämpfe der „Liga von Cambrai" i.J. 1509 gegen Venedig herangezogen.[14]) Die Architekturzeile im Gemäldevorder- und Mittelgrund ist ausdrücklich eine Wehranlage und lässt sich kaum vergleichen mit dem ikonographischen Hintergrundemblem für „Stadt". Das Motiv eines gewundenen Weges in die Bildtiefe und dort in das Tor einer Burg oder eines befestigten Anwesens kehrt in der Renaissancemalerei beiderseits der Alpen sehr oft wieder. Die Kombination eines Frauenbildnisses mit verschleierter Haartracht, vor einem Landschaftshintergrund mit einer Brücke und einem kurvigen „Wegabschnitt" findet sich genauso im Motiv des berühmtesten

---

11 ebendort, S. 88
12 Semenzato, Camillo: Padua, Kunst und Geschichte, S. 41.
13 Eller, S. 95 ff.
14 Kaplan, S. 405 - 416

Gemäldes der Welt, der Mona Lisa, das meist als Brautbildnis angesehen wird. (Neuere Forschungen legen nahe, daß das Gemälde nicht die Braut des Seidenhändlers del Giocondo zeigt!)

Bei Abbildungen weltlicher Persönlichkeiten handelt sich in der Landschaftshintergrundgestaltung oft um eine stilisierte Vedute, die die Abgebildeten (Porträitierte, Stifter, Auftraggeber) einer echten, ihrem Leben zugehörigen Örtlichkeit zuordnet. (Siehe z.B. die stilisierte Stadtlandschaft im Hintergrund der „Madonna des Kanzlers Rolin" von Jan van Eyck. Auch in venezianischen Dogenportraits des 16.Jahrhunderts sieht man den Portraitierten vor einem Ausschnitt seiner Residenzstadt.). Das Stilmittel des gewundenen Weges findet sich auch häufig in Giorgiones direktem Umfeld, bei seinem Lehrer Giovanni Bellini (z.B. im Gemälde der „Taufe Christi" in der Santa Corona-Kirche in Vicenza), bei Andrea Mantegna („Anbetung der Hirten") und Palma il Vecchio („Venus in einer Landschaft"). Hinter Heiligenfiguren mit einer „Vita Activa", die sich den Menschen zuwanden (z.B.Johannes der Täufer, die hl. Elisabeth) führt oft ein Pfad oder Weg in eine Stadt oder Siedlung; einsiedlerische Heilige (z.B. Hieronymus, Maria Magdalena etc.) sind mit einem „Weg" hinauf in die Bergeinsamkeit dargestellt. Ein besonders augenfälliges Beispiel aus der zeitgen. Malerei ist die „ Maria mit dem Kinde und sechs Heiligen" von Bonifacio Veronese, heute im Pariser Louvre. Man führt das im humanistischen Sinne gebrauchte Motiv zurück auf das mythologische Element des „Herkules am Scheideweg", der für sich den Pfad der Tugend einschlagen muß.

Fast zeitgleich (um 1504) mit der Entstehung des „Gewitter"-Bildes malt ein unbekannter flämischer Meister ein grosses Triptychon mit einem bedeutenden Herrscher-Doppelporträt. (Heute im kgl. Kunstmuseum, Brüssel) Die Mitteltafel zeigt ein jüngstes Gericht, die linke Tafel zeigt Phillipp den Schönen, den Vater Kaiser Karls V. Rechts ist Phillipps Frau, Johanna von Aragon („Johanna die Wahnsinnige") dargestellt. Phillipp der Schöne trägt auf diesem Bild unter dem Königsgewand eine Rüstung von Kopf bis Fuß, plus eines Schwertes in der rechten Hand und hat die Königskrone noch über einen Rüstungshelm aufgesetzt. Er dokumentiert damit seinen Status als Herrscher sowie als Waffenträger.

Auf beiden Portraittafeln des Triptychons führen helle unbefestigte Wege über einige Windungen in die Bildtiefe und dann in das Tor einer mit vielen Türmen versehenen Festungsmauer hinein. Auf dem Portrait Johannas befinden sich hinter der Mauer offenbar flämische, städtische Wohnhäuser. Im Hintergrund von Phillipps Figur ist eine Wehrmauer südfranzösischen Typs mit verschiedenförmigen Türmen zu sehen, die wahrscheinlich zu seinem Familienbesitz zählte. Er stammte mütterlicherseits aus dem Hause Burgund. Die Hochzeit der beiden war eine Zweckverbindung, die die Herrschaft der Häuser Burgund und Aragon vereinigen sollte. Im weitesten Sinne sind die Portraits eine Familiendarstellung; es gibt einen Hinweis auf ein Kind: Johanna zeigt mit einer Hand auf Ihren Bauch, der von der Schwangerschaft leicht gewölbt ist. Auch die Frau in Giorgiones „Gewitter" hat trotz der jungen Mutterschaft einen leicht gewölbten Bauch. Er ist vermutlich ein Symbol für Fruchtbarkeit.

Direkt zu Füßen der ruhenden Frau im „Gewitter-Bild" wächst ein junger, grüner Strauch, links vom Betrachter streckt auch ein abgestorbener, kahler Busch einige Zweige aus der Erde. In genau derselben Konstellation in der gleichen Stelle im Bild erscheint das Element in in Bellinis „Taufe Christi". Die direkte Nebeneinanderstellung einer lebenden jungen Pflanze und einer entlaubten, toten ist ein typisches Versatzstück der europäischen Malerei als Vanitasmotiv, auch als Attribut junger Menschen der Renanissancemalerei. Mustergültig ist hier das Beispiel des „Bildnis eines jungen Mannes" von Francesco Franciabigio, heute im Louvre.

Der Weg hinter der Männerfigur im „Gewitter"-Bild ist flankiert von Bäumen mit kahlem, schlanken, geradem (evtl. spitz gegabeltem) Stamm und einer „rautenförmigen" oder fächerartigen, meist lichten Krone. Zwei der Stämme stehen in extrem spitzen Winkel über Kreuz. (Desgleichen auch sehr augenfällig, ganz links in der erwähnten Tafel von Bonifacio Veronese) Diese charakteristischen, filigranen Bäume (deutlich zu unterscheiden von gemalten Eichen oder Palmen!) kehren auf zahllosen Herrscher-, Familien- sowie Heiligendarstellungen und Porträts sowohl der italienischen als auch der nordalpinen Malerei des 15. und 16. Jahrhunderts wieder. Sie sind in diesen Genres so ubiquitär, daß sie als Solitärbäume fast eine feste „Staffage" ausmachen. Den modernen Betrachter erinnern sie bisweilen an eine Antenne. In zahllosen Gemälden ist auch das Blattwerk sehr gut identifizierbar. Nach Laub, Stamm- und Kronenform (manchmal mit reifen Früchten) handelt es sich um Ebereschen (bot-lat.:sorbus aucuparia), die besonders in der heidnischen Überlieferung sehr bedeutsam war. Das Holz wurde für Segnung von Haus, Mensch und Vieh benutzt. In der christlichen Symbolik steht der Baum für ewiges Leben, die Passion Christi, Gesundheit, Wiedergeburt, Fruchtbarkeit und Verbreitung des Christenglaubens. Die Ebereschen begrünen sich als erste Bäume nach dem Winter und tragen blutrote Beeren in der Krone. Sie keimen fast überall, ihr Laubfall wirkt bodenverbessernd, ihre Samen werden von Vögeln leicht überall verbreitet und die Beeren werden zu Heilmitteln verarbeitet. Mit den roten Beeren und den auseinandergespreizten Zweigen wird der Baum mit der blutigen Dornenkrone und dem Blut Christi am Kreuz assoziiert.[15] (Sehr stilisiert wird er auch extrem häufig so abgebildet, siehe u.a. z.B. Raffaels Madonna „Die schöne Gärtnerin" im Louvre-Museum, im Portrait eines „Mannes mit einer Sanduhr" von Alessandro Moretto, aber auch, fast in der Gestalt eines Kruzifixes, in der Mitte von Giorgiones Bild „der Sonnenuntergang". In einem Eheportrait nordalpiner Malerei sieht man ihn auch in den Bildnissen von „Dr.Cuspinian und seiner Frau" von Lucas Cranach, das gleichfalls sehr zeittnnah

---

15 Www.uni-goettingen.de, www.arte-misia.de, www.naju-wiki.de

(ca 1503) mit dem „Gewitter"-Bild entstand.

In der heidnischen Überlieferung, sowohl in Mittel- wie Südeuropa, wehrt ein Stück Ebereschenholz bei Mensch und Tier böse Geister, Zaubereien und sogar Blitzschläge ab. Eine Eberesche, die viele Früchte trägt, war in einigen Teilen Europas ein Vorbote von reichem Kindersegen.[16]

Auch im Hintergrund der beiden obenerwähnten flämischen Triptychontafeln stehen viele Ebereschen, hinter der Johanna-Figur sogar ein regelrechter „Park" dieser Bäume. Die Ehe der beiden Dargestellten war tatsächlich mit vielen Kindern gesegnet. Ein extrem ähnliches Baumpaar mit überkreuzten Stämmen sieht man in Claude Lorrains Gemälde „Acis und Galatea", die hier als verstecktes Liebespaar dargestellt sind. In Giovanni Bellinis „Taufe Christi" sowie in Vittore Carpaccios „Hl Georg" flankieren gleichfalls Ebereschen den Pfad im Bildhintergrund. Im Falle des Bellini-Gemäldes so exakt, daß der Baumwuchs die Kurven des Weges dreimal kreuzt.

In den Ehebildnissen Dr. Cuspinians und seiner Frau von L. Cranach erscheinen diverse, meist gut zoologisch bestimmbare Vögel, die teilweise in ihrer Symbolik gut zu deuten sind, darunter ein Schwan im Kampf mit einem Adler. Oben auf der Wehrmauer im „Gewitter"-Bild sitzt ebenfalls ein weißer Vogel, der nach seiner Erscheinung nicht ganz genau bestimmt werden kann. Er hat vermutlich kurze Beine, anders als z.B. Storch oder Kranich. Der Rumpf hält sich eher waagerecht. Nach Farbe; Körperform und Halswindung ähnelt er einem Schwan. Der Schwan, neben seiner Bedeutung im Leda-Mythos, war schon in der Renaissance für seinen Mut und seine Wehrhaftigkeit bekannt.[17] Besonders sein Nest und seine Familie verteidigt er oft erfolgreich gegen größere und stärkere Feinde. Als Symbol auf einer Stadtmauer einer bestimmten Stadtdynastie wäre er bestens geeignet. Darüberhinaus gilt er als christliches Symbol für die letzten Stunden Christi vor seinem Tode am Kreuz.[18]

3. Die zwei Cassone – Malereien

Dem „Gewitter" im Motiv sehr nahe erscheint eine der zwei kleinen Cassone-Malereien im Museo Civico in Padua, deren Zuschreibung an Giorgione laut dem Paduaner Ausstellungskatalog von 2010 vor einiger Zeit nochmal bestätigt wurde[19]. Es ist allgemein anerkannt, daß es sich zusammen mit dem kleinen Leda-Motiv um ein Bildpaar handelt und aus dem Paduaner Umfeld um das Jahr 1500 stammt. Fast immer werden diese beiden Bilder in der Erörterung des „Gewitters" mit herangezogen. Diese kleinen Cassone-Bildtafeln enthalten in der Regel sehr persönliche Motive und Andeutungen für das

---

16 Handw. d.dt. Aberglaubens, S. 527
17 N. Schneider, S. 87
18 Heinz-Mohr, Gerd: Lexikon der Symbole, S. 282
19 Skira / Padua , S. 58

intime, exklusive Verständnis eines Auftraggebers.

Das eine Bild zeigt das Motiv von Leda mit dem Schwan, das andere wird allgemein mit „ländliche Idylle" (ital.: idillio campestre) betitelt. Das Leda-Motiv ist im Kern die Geschichte einer adeligen Frau, die unehelich schwanger wird: Leda war der Mythologie nach eine Königstochter (des Königs Tyndareos), die, vom Göttervater Zeus geschwängert, uneheliche Kinder zur Welt brachte, die aber unsterbliche Helden wurden. Zeus näherte sich Leda laut Überlieferung am Ufer eines Flusses. Für die Andeutung der Entstehung einer großen Dynastie aus unehelichen oder unklaren Verhältnissen wäre die Heranziehung dieser antiken Legende bestens geeignet und typisch für den Renaissance-Humanismus.

Auf dem zweiten Cassone-Bild, das dem „Gewitter"-Motiv so ähnlich ist, sieht man links eine Frau mit einem Baby und ihnen gegenüber einen jungen Mann, wiederum in rot-weißer Kleidung. Nach der Figurengruppierung zu urteilen wäre der Mann hier wohl nicht „Vater des Kindes". Er hält aber einen kleinen grün-weißen Zweig in der rechten Hand. Obwohl dieses Detail im Original nur ca. 1 cm groß ist, erkennt man gut, daß es sich hier um einen Mistelzweig (bot.- lat. viscum album) handelt. Man erkennt keine Blüten, sondern deutlich kleine, runde weiße Beeren und wenige ,kräftige, längliche grüne Blätter. Dieses Attribut gilt traditonell, auch in Italien, für einen Mann, der sich einer Frau in Liebeswerben nähern möchte. Die Mistel ist ein Gewächs, das sich selbst als junge Pflanze auf alten Bäumen ansiedelt. In Italien wächst die Mistel vorzugsweise auf Eichen und es gab einen Aberglauben, daß die Misteln dort wachsen, wo der Blitz in einen Baum eingeschlagen hat.
Im Hintergrund dieses kleinen Bildes erkennt man ganz hinten eine weiße Stadtarchitektur an einem Wasserlauf.

Im „Gewitter" werden die Frau mit Kind und der Mann räumlich durch einen kleinen Wasserlauf getrennt. In fast allen motivisch verwandten Bildern Albrecht Altdorfers (Holzschnitte und Stiche, entstanden um das Jahr 1500), die einen Ritter oder Landsknecht mit einer Geliebten (oder käuflichen Geliebten) in einem grünen Schlupfwinkel zeigen, fließt im Vordergrund ein kleiner Bach oder Wasserlauf. Spätestens durch den Besuch Albrecht Dürers in Padua dürfte die zeitgenössische Grafik der fränkischen Künstler auch im Veneto bekannt geworden sein. Es gehört zur Bildtradition der europäischen Malerei, daß heimliche Liebespaare oder Brautpaare in einem verschwiegenen, versteckten „Garten der Liebe" dargestellt werden. Diese Bildtradition reicht noch weiter bis zu Rubens Gemälde „die Geißblattlaube" oder Rembrandt`s Bild „Die jüdische Braut" und darüber hinaus. Fast alle Forscher vermuten auch im Motiv des „Gewitters" eine Liebesgeschichte oder zumindest eine Episode einer Mann-Frau-Liebesbeziehung.[20] Diverse Forscher und Beobachter haben angemerkt, daß die Figurengruppe wie geschützt vor dem unheimlichen Wettergeschehen im Hintergrund oder abgeschirmt im Grünen erscheint[21]

4. Eine Anekdote aus dem geführten Stadtrundgang in Cittadella

Die Dynastie Da Carrara hat im späten Mittelalter und bis ins 15.Jh. hinein den maßgeblichen Anteil an Paduas Blüte und Wohlstand gehabt. Im 15. Jh. wurde das Wohlergehen der Stadt geradezu mit der Herrschaft dieser Familie gleichgesetzt.[22]

Giorgione hatte offenbar ein gutes Verhältnis zu Padua, denn mindestens drei wichtige Mitglieder der Familie Carrarese sind protagonistisch auf seinem Gemälde „Die Feuerprobe des Moseskindes" dargestellt.[23] (Das Bild wird in der Ausstellung von 2010 dem Künstler zugeschrieben, nicht alle Forscher teilen diese Ansicht!)

Das Thema des Bildes ist laut Enrico Guidoni[24] eine - einem Bibelmotiv entlehnte- komplizierte Anspielung auf die Treue Paduas zur Republik Venedig während der Fremdherrschaften. Der Pharao trägt hier die Züge und Attribute eines bestimmten venezianischen Dogen. Aufgrund der Treue-Thematik ist die Hauptszene des Bildes wiederum unter einer großen Eiche angesiedelt, deren Physiognomie - bis auf den längeren Stamm - völlig dem Baum hinter der Frau im „Gewitter"-Bild gleicht. Giorgione kann gute Gründe gehabt haben, historische Überlieferungen zu Padua zu illustrieren. Die enge Freundschaft Giorgiones zum Maler, Grafiker und Paduaner Lokalpatrioten Domenico Campagnola ist bestens dokumentiert.[25]

In der Festungsstadt Cittadella, die vom Mittelalter bis zur Frührenaissance eine Art militärische Garnison ca. 20 km nördlich von Padua war und damals fest zu ihrem Territorium gehörte , und die in seinen bestens erhaltenen Wehrtoren und -mauern ebenfalls der Architektur des „Gewitter"-Hintergrunds heute noch zum Verwechseln ähnelt, sieht man ebenfalls heute noch die großen „Carro"-Wappen der Carrarese-Herrschaft über den Altstadt-Haupttoren. Das Wappen wird dort auch touristisch eifrig vermarktet.

Zur Entstehung des Familien*namens* „Da Carrara" wird den Touristen auf historischen Stadtführungen

---

20 Einen Überblick über die verschiedenen Deutungen des „Gewitters" geben Pedrocco, F./ Pignatti, T.:
   Giorgione, S. 144.
21 Settis, S.72, 73
22 Skira / Padua S. 20 ff.
23 Ebendort, S.38
24 Ebendort, S. 38 ff
25 Ebendort, S. 20 ff

dort heute noch folgende, (vermutlich etwas kalauernde) Anekdote erzählt: *„Eine Tochter des deutschen Kaisers (Una figlia del Imperatore tedesco) verliebte sich in einen jungen Mann, die beiden flüchteten sich daraufhin in den weitläufigen Wald von Monselice, wo sie sich versteckten und ein Haus von seltener Schönheit bauten."* (ital. „una casa di rara bellezza" = „ca`rara")[26] Einen kurzen touristischen „Rundgang" durch Cittadella inklusive dieser kleinen Anekdote stellt die Gemeinde auch als Video in ihrer Website vor.

Die Anekdote von zwei Sätzen impliziert drei Tatbestände: die Kaisertochter hat einen offenbar nicht standesgemäßen Bräutigam und nicht offiziell geheiratet. Sie flüchtete in die Wildnis. Mit dem Beitrag ihres blauen Blutes wurde sie die Begründerin einer Adelsdynastie.

In div. historischen Erzählungen ist es nicht unüblich, daß junge Frauen, die mit unehelichen Kindern schwanger sind, sich freiwillig oder ausgestoßen in die Wildnis hinausbegeben (z.B. Genoveva in der Waldeinsamkeit, Rapunzel ...) Viele ernsthafte Deutungen, aber ebenso die spontan-intuitive Einschätzung tausender Betrachter des Bildes beschreiben die Frau zuallererst als eine Ausgestoßene.

Monselice selbst ist heute eine kleine Fraktion inkl. eines befestigten Adelssitzes südlich von Padua am Rand der „Euganeischen Hügel" (Colli Euganei), eines großen Waldgebietes, das heute Naturpark ist und viele warme vulkanische Quellen besitzt. Der „Wald von Monselice" kann nichts anderes meinen als diesen Naturpark.

Der Sockel mit den beiden weißen, abgebrochenen Säulen im Gemälde wurde mehrfach als Symbol für Herrschaft gedeutet, bei Wolfgang Eller sogar als Symbol für eine „gerechte Herrschaft". Der Autor deutet auch eine Ortszugehörigkeit der Figuren zur Hintergrundarchitektur an: „Eine offensichtliche und eindeutige Bedeutung des Bildgegenstandes als mythologische oder christliche Historie ist von Giorgione nicht beabsichtigt, (.....), während eigentlich und vordergründig ein junges Patrizierpaar vor der Stadt ihrer Herkunft oder ihres Aufenthaltes dargestellt ist." [27]

---

26 Vergleiche das eingefügte Video „Cittadella in 3D" auf http://turismo.comune.cittadella.pd.it/de/visite-
guidate/ (vom 21.6.2015)
27 Eller, S. 98, S. 99

5. Die Deutung

Aus den Aussagen der oben angeführten Kunsthistoriker, der ikonologischen Deutung von Details, insbesondere der Wehrarchitektur mit dem Familienwappen, sowie der erwähnten zeitgenössischen Gemälde und der Touristeninformation ergibt sich die naheliegende Vermutung, daß das Motiv des „Gewitter"-Gemäldes eine Darstellung des Ursprungs der Carrara-Dynastie ist. Die in den Boden gesteckte Lanze des Mannes wäre ein Gründungsgestus oder mindestens die Andeutung eines Herrschaftsanspruchs. Die Frau, eine verstoßene oder geflüchtete kaiserliche Prinzessin, nährt ein junges Stiefkind (oder den ersten gemeinsamen Spross) der Carrara-Familie.

Der Ursprung der Dynastie und die Gruppe des „Gewitter"- Bildes könnte also möglicherweise eine „Patchworkfamilie" sein, oder sie ist nicht standesgemäß gewachsen, weil die Frau abseits ihres adeligen Zuhauses evtl. eines oder mehrere uneheliche Kinder zur Welt brachte, wie es ähnlich auch der Königstochter Leda erging. Das Motiv dieses Bildes wäre dementsprechend kein „geheimes" , jedoch ein sehr intimes, und zwar für einen der Stadt Padua nahestehenden Auftraggeber. Dafür spricht auch das kleine Format des Gemäldes. Desgleichen kann vermutet werden, daß die kleinen (Giorgione zugeschriebenen) Cassone-Malereien, die Tafeln mit Palma II Vecchio-Zuschreibung und die erwähnten „Allegorie" ebenfalls Szenen einer Familiengründung, vielleicht derselben, darstellen und auch anders als direkt als „Allegorie" zu deuten sind.

Offene Fragen und Mutmaßungen:

- Der Blick der jungen Frau auf den Bildbetrachter ist auffällig. Aus der zeitgenössischen Malerei um 1500, besonders der italienischen, sind etliche Beispiele bekannt, bei denen unbenannte oder historische Figuren mit Blick aus dem Bild hinaus tatsächlich versteckte Portraits lebender Personen sind, die im Bild eine andere Rolle annnehmen.
- Wenn Gabriele Vendramin oder seine Familie das kleine Bild in Auftrag gegeben hätten, wäre es auffällig, daß in seinem eigenen Haus und in seiner Sammlung nach nur zwanzig Jahren das Motiv des Bildes nicht mehr bekannt wäre. Sollte Gabriele Vendramin ein Sammler im modernen Sinn gewesen sein, hat er sich das Bild möglicherweise angeeignet, weil Giorgiones Ruhm schon zu seinen Lebzeiten beträchtlich war und das Bild aus seiner Hand auch ohne bekanntes Motiv bereits einen Wert besaß.
- Nur wenige Kilometer östlich der Euganeischen Hügel und von Monselice liegt heute die kleine Fraktion „Due Carrare", ein Ort mit zwei Kirchengemeinden, die beide „di Carrara" im Namen tragen. In Due Carrare selbst wurde schon im 11. Jahrhundert durch die Carrara-Dynastie ein Kloster gegründet,

das aber schon vor Giorgiones Zeit abgetragen wurde.[28] Es muß von der Bauperiode also romanisch geprägt gewesen sein. Das Architekturfragment mit der Lunette, dem Ziegelmauerwerk und den Rundbögen links im „Gewitter" trägt eindeutig norditalienisch-romanische Züge.

---

28 https://it.wikipedia.org/wiki/Abbazia_di_Santo_Stefano_%28Due_Carrare%29 (vom 21.6.2015)

6. Verwendete Literatur:

div. Autoren: Handwörterbuch des deutschen Aberglaubens, Berlin 1987

Baumann, Hans: Der große Alexanderzug, München 1977

Bayer, Andrea (Hrsg.): Dosso Dossi , Court Painter in Renaissance Ferrara, Ausstellungskatalog zur Dossi-Ausstellung in New York 1998

Eller, Wolfgang: Giorgione , Werkverzeichnis - Rätsel und Lösung, Petersberg 2007

Heinz-Mohr, Gerd: Lexikon der Symbole, München 1971.
Kaplan, Paul: The Storm of War: The Paduan Key to Giorgiones Tempesta , In: Art History Bd.9, Nr.4, 1986

Albert Ilg (Hrsg.): Der Anonimo Morelliano. Quellenschriften für Kunstgeschichte und Kunsttechnik des Mittelalters und der Neuzeit, Neue Folge, Bd. 1, Wien 1888, Nachdruck 2012.

Pedrocco, Filippo/ Pignatti, Terisio: Giorgione, München 1999.

Schneider, Norbert: Portraitmalerei, Hauptwerke europäischer Bildniskunst, Köln 1994

Semenzato, Camillo: Padua, Kunst und Geschichte, Trient 1973

Settis, Salvatore: Giorgiones „Gewitter" - Auftraggeber und verborgenes Sujet eines Bildes der Renaissance, Berlin 1983

Skira / Comune di Padova (Hrsg., div. Autoren): Giorgione a Padova – L`enigma del carro   Mailand , Padua 2010

Internet-Quellen:

https://it.wikipedia.org/wiki/Abbazia_di_Santo_Stefano_%28Due_Carrare%29 (vom 21.6.2015)

http://turismo.comune.cittadella.pd.it/de/visite-guidate/ (vom 21.6.2015)

https://it.wikipedia.org/wiki/Da_Carrara (vom 21.6.2015)